Maurizio Sandrini

livello **A1/A2**
1000 parole

STORIE
per i giorni di festa

STORIE
Italiano Facile

mp3 online

mp3 online su
www.almaedizioni.it/italiano-facile-storie

direzione editoriale: Massimo Naddeo
redazione: Marco Dominici, Chiara Sandri
progetto grafico e copertina: Lucia Cesarone
impaginazione: Chiara Sandri
illustrazioni: Ottavia Bruno

© 2017 ALMA Edizioni
Printed in Italy
ISBN 978-88-6182-499-7
prima edizione: febbraio 2017

ALMA Edizioni
viale dei Cadorna 44
50129 Firenze
tel. +39 055 476644
fax +39 055 473531
alma@almaedizioni.it
www.almaedizioni.it

Tutti i diritti di traduzione, di memorizzazione elettronica, di riproduzione
e di adattamento totale o parziale, con qualsiasi mezzo (compresi i microfilm,
le riproduzioni digitali e le copie fotostatiche), sono riservati in tutti i Paesi.

INDICE

GLOSSARIO dei giorni di festa __ 4	25 aprile 23
STORIE _____ 4	Natale 25
Carnevale 6	Epifania 30
Primo maggio 10	Pasqua 34
Sabato 12	Lunedì 38
Ferragosto 15	Esercizi _____ 41
Capodanno 19	Soluzioni _____ 64

GLOSSARIO dei giorni di festa

CARNEVALE periodo di circa dieci giorni che ha inizio un martedì (martedì "grasso") e si conclude il giovedì della settimana successiva (giovedì "grasso"). In questi giorni l'atmosfera è giocosa e scherzosa. L'elemento caratteristico del Carnevale è la maschera e il travestimento.

PRIMO MAGGIO è la "festa del lavoro" (o "dei lavoratori"), che si celebra in molti Paesi del mondo per ricordare l'impegno del movimento sindacale e le conquiste ottenute dai lavoratori in campo economico e sociale.

SABATO nei Paesi in cui il giorno festivo è la domenica, sabato è il giorno in cui si approfitta per uscire la sera e incontrare gli amici, andare al cinema o al ristorante.

FERRAGOSTO si celebra il 15 di agosto. Il Ferragosto è una festa religiosa, ma è anche il periodo estivo in cui gran parte degli italiani va in vacanza. La settimana di Ferragosto, infatti, è il periodo in cui moltissimi uffici e negozi sono chiusi "per ferie".

CAPODANNO è il primo gennaio. Alla mezzanotte del 31 dicembre si celebra l'inizio del nuovo anno con festeggiamenti, fuochi d'artificio e un brindisi di auguri. In Italia c'è la tradizione del "cenone", cioè della cena del 31 dicembre per aspettare la mezzanotte insieme a parenti e amici.

25 APRILE è una festa nazionale italiana in cui si celebra la Liberazione dell'Italia dai nazisti nel 1945. Protagonisti sono stati i partigiani, cittadini che hanno preso le armi e hanno iniziato la "Resistenza", cioè la lotta contro i fascisti e i nazisti attraverso rapide azioni di guerra.

NATALE è il 25 dicembre. È una delle più importanti feste religiose cattoliche in cui le famiglie italiane si riuniscono per festeggiare insieme e scambiarsi i regali sotto l'albero. Il periodo di Natale comprende la Vigilia, cioè il 24 dicembre, e Santo Stefano, il 26, tutti giorni festivi, in cui non si lavora.

EPIFANIA il 6 gennaio. Si chiama anche "festa della Befana": la Befana è un personaggio della tradizione popolare italiana, una donna vecchia, con un grande cappello e una gonna lunga che vola sulla scopa e porta dolci e caramelle ai bambini. I bambini aspettano la notte del 5 gennaio con una calza vuota bene in vista: secondo la tradizione, la Befana riempie la calza dei bambini buoni con dolci e caramelle, quella dei bambini cattivi con del carbone.

PASQUA insieme al Natale, è l'altra grande festa cattolica. La data della Pasqua non è fissa, ma si celebra sempre di domenica in un periodo tra marzo e fine aprile. L'elemento tradizionale della Pasqua sono le uova di cioccolato. Anche il giorno dopo Pasqua è un giorno festivo, chiamato "Lunedì di Pasqua" o, più semplicemente, "Pasquetta". Consuetudine della Pasquetta è fare una gita con gli amici per pranzare insieme.

LUNEDÌ non è ovviamente un giorno festivo, in generale, ma è il primo giorno della settimana, quello dopo la domenica. Il lunedì è di solito un giorno un po' malinconico, in cui vive ancora il ricordo del giorno festivo precedente ma anche il pensiero di affrontare una nuova settimana.

STORIE per i giorni di festa

Carnevale

Tommaso è divorziato da sua moglie da due anni. Vive a Napoli con il figlio Luca. Luca ha dieci anni e domani a scuola c'è la festa di Carnevale.

– Papà, devo trovare una maschera! Papà, dove troviamo la maschera? Papà, che maschera compriamo?
– Luca, per favore, con calma! – dice Tommaso – Allora, la maschera: ti piace... Superman?
– No, preferisco Batman! – dice Luca.

Batman. Tommaso odia Batman. Ma è una storia vecchia. Una storia di 35 anni fa. Tommaso torna indietro di 35 anni, e ricorda: ora lui ha 10 anni, ed è alla festa di Carnevale della sua scuola. Tommaso è vestito da Robin Hood e Veronica, una sua compagna di scuola, ha la maschera di Colombina. Lui ama Veronica e lei non lo sa, ma Tommaso ha deciso: la festa di Carnevale deve essere l'occasione per dire a Veronica che lui la ama. Sono cose importanti, per un bambino di 10 anni. I suoi primi sentimenti, il suo primo amore.

Ma alla festa di Carnevale Veronica arriva tardi. Tommaso gioca con altri bambini e quando vede Veronica, lei è con Matteo, il bambino più antipatico della classe. Matteo ha la maschera di Batman. Matteo e Veronica parlano e ridono, poi Matteo prende la mano di Veronica. Tommaso esce dalla classe, va in bagno e piange.
E da quel giorno odia Batman.

▶ note

divorziato • persona che ha interrotto il matrimonio *Cesare è divorziato da due anni.*
maschera

odia (inf. odiare) • non sopportare, contrario di amare *Fai presto! Anna odia le persone che arrivano in ritardo agli appuntamenti.*

Colombina • maschera tipica della tradizione veneta
antipatico • il contrario di simpatico *Il nuovo collega è antipatico, non parla con nessuno.*
piange (inf. piangere)

Un anno dopo Veronica parte con i genitori: cambiano città, vanno a vivere nel Nord Italia. Dopo 35 anni, Tommaso a volte pensa ancora a Veronica, ai suoi capelli lunghi e neri, ai suoi occhi verdi. Chissà ora dov'è.

Fine del ricordo: Tommaso torna ai suoi 45 anni e al figlio Luca.

– Io voglio la maschera di Batman! – ripete Luca.
– No, scusa Luca, ma Batman no. – dice Tommaso.
– Ma perché, papà? Batman è forte!
– Uhm. Andiamo al negozio e vediamo cosa troviamo.

Nel negozio, è pieno di bambini e genitori: tutti devono comprare la maschera di Carnevale. Ci sono tante maschere.

– Ehi, Luca, cosa pensi di Capitan America? Anche lui è forte, no?

Ma Luca non è molto sicuro:

– Capitan America...? Sì, però... io preferisco Batman.
– Uff... sempre con questo Batman! Guarda quel bambino, lui ha preso Superman. Non è male Superman, no?
– Sì, ma le maschere di Superman sono finite. Abbiamo comprato l'ultima. – dice la mamma del bambino-Superman.

Tommaso guarda la donna. Capelli neri, occhi verdi...

– Veronica...?
– Sì. E Lei, scusi?
– Sono... Tommaso. Tommaso Ferretti. Le scuole elementari, ricordi...?
– Tommaso! Ma certo! Robin Hood!
– Sì! Ricordi ancora quel Carnevale! Ma tu... abiti qui?
– Sì, dopo il divorzio sono tornata a Napoli.
– Divorzio?

---

note ◂

genitori • padre e madre *I miei genitori amano viaggiare.*
chissà • indica un'informazione non nota, sta per "chi sa...?" *Non trovo le chiavi... chissà dove sono.*
forte • potente, energico, bravo *Cristiano Ronaldo è molto forte.*

– Sì, dopo 15 anni di matrimonio… E ora sono qui con il mio Nicola. Ma tu? Tu cosa fai? Questo è tuo figlio?
– Sì, si chiama Luca. Io sono divorziato da due anni e… lui vuole la maschera di Batman. Ma io non voglio.
– Ahahaha! E perché no?
– Beh, ricordi, Matteo, in quinta elementare, alla nostra festa di Carnevale?
– Matteo? Non so, forse… io ricordo te, il mio Robin Hood che è scappato in bagno e non è più tornato!

Luca e Nicola, i due bambini, vedono i loro genitori ridere.

– Ma perché tuo padre ride con mia madre? – chiede Nicola.
– Non lo so! Tu preferisci Batman o Capitan America? – chiede Luca.
– Che domande! Capitan America, no?

Dal negozio escono un piccolo Superman, un piccolo Capitan America e un uomo e una donna. Questa volta Tommaso ha preso la mano di Veronica. A Carnevale, dopo 35 anni.

fai gli ESERCIZI
vai a pagina 41

---

note ◂

matrimonio • unione tra due persone *Il matrimonio dei miei nonni dura da più di 50 anni.*

Primo maggio

 Salim ha detto: "Ci vediamo in piazza San Giovanni alle sette". Ma forse Salim non sa che oggi è il Primo maggio, e in piazza San Giovanni, qui a Roma, c'è il grande concerto del Primo Maggio, per celebrare la Festa del lavoro. Arrivano giovani da tutt'Italia per ascoltare i tanti gruppi e i tanti musicisti che suonano in piazza per ore, dal pomeriggio fino alla sera. E quando ieri Salim ha detto: "Ci vediamo domani in piazza San Giovanni alle sette" io non ho pensato che oggi è il Primo maggio e non è possibile dare appuntamento a qualcuno in mezzo a 300 mila persone.

– Ma sei proprio sicura? – domanda Sandra – Ha detto proprio "piazza San Giovanni"?
– Sì, sono sicura!
– Ma da quanto è in Italia?
– Da due mesi, credo.
– Forse per questo non sa che il Primo maggio è impossibile dare un appuntamento in questa piazza... Ma tu non hai detto niente?
– No. Non ho proprio pensato al Primo maggio! – dico io. E mentre parlo guardo nella piazza, cerco Salim.
– Ma Salim non ha visto i manifesti, per strada? È scritto grande così: "CONCERTO DEL PRIMO MAGGIO – PIAZZA SAN GIOVANNI"
– Ma forse lui non legge bene l'italiano, no? E poi nel suo Paese forse non festeggiano il Primo Maggio...
– Ma che dici... impossibile!
– Invece è possibile: non sai che in molti Paesi non esistono i diritti dei lavoratori?
– Non è il momento di parlare di diritti e di lavoratori, Chiara...

▶ note

manifesti • cartelli, avvisi attaccati al muro

– E perché no? È il Primo maggio! È proprio il giorno giusto!
– No, non cominciamo a parlare di politica, per favore! Ecco, sono saliti sul palco i musicisti... Ma scusa... quello non è Salim?
– Chi? Dove?
– Sul palco, quello con la chitarra!

Guardo bene. Non posso credere ai miei occhi: è proprio Salim!

– Sì, è lui! Ma allora...
– Adesso capisco perché ha detto "Ci vediamo alle sette"!

Salim sorride. Prende il microfono. Dice: "uno due tre prova, prova!". Poi guarda il pubblico e dice:

– Ciao a tutti! Buon Primo maggio!

E tutti gridiamo e battiamo le mani. Poi il concerto comincia.

fai gli ESERCIZI
vai a pagina 44

---

note ◂

palco • parte del teatro dove stanno gli artisti *L'attore sale sul palco, lo spettacolo inizia.*
chitarra

sorride (inf. sorridere)
microfono

prova • collaudo, test di verifica
battiamo le mani (inf. battere)

Sabato

Ho passato il sabato mattina a cercare il vestito giusto.
Poi il pomeriggio ho cercato le scarpe.
Alle 19:00 sono tornata a casa, stanca ma soddisfatta. Ho fatto la doccia,
poi mi sono pettinata e mi sono truccata. Mi sono vestita.
Alle 21:00 anche lui è pronto.

– Valeria, sei pronta anche tu?
– Sì.
– Vedo. Sei bellissima, stasera.
– Grazie.
– È un vestito nuovo?
– Sì. Ti piace?
– Il rosso ti sta molto bene. Anche i capelli così sono belli.
– Ho comprato anche le scarpe. Vedi?
– Hai molto gusto.
– Grazie.
– Cosa facciamo stasera?
– Non so. Non voglio decidere, sono stanca. Tu cosa vuoi fare?
– Facciamo un giro a Parigi? È bellissima in questa stagione.
– Va bene. Parigi mi piace.
– Allora metto gli occhiali.
– Sì, anch'io.
– Andiamo?
– Ok.

▶ note

doccia

mi sono pettinata
(inf. pettinarsi)

mi sono truccata
(inf. truccarsi)

facciamo un giro • facciamo una passeggiata *Prima di tornare a casa facciamo un giro in centro.*

occhiali

Camminiamo per le strade di Parigi, mano nella mano. Marcello parla del suo passato, io preferisco parlare del presente. Non mi piace il mio passato. Marcello non fa domande, e questo mi piace molto. Lui ascolta. Non è facile trovare un uomo che ascolta.
Davanti alla tour Eiffel piena di luci, mi abbraccia. Io sento un brivido, forse di piacere, o forse di paura.

– La vita è meravigliosa, così. Non è vero? – dice.
– Sì. Sono felice con te. Il sabato per me è diventato un giorno speciale. Da domenica conto i giorni per arrivare al sabato.
– Anch'io.
– Perché dobbiamo vederci solo il sabato? – chiedo.
– Sai perché. Non è facile per me. I miei viaggi, la famiglia, i figli...
– Certo, certo... Però è triste.
– Mi dispiace. Però ora siamo qui. Io e te.
– Sì. Forse questo è amore?
– Per me sì. Per te no?
– Non lo so. So solo che io vivo per questo giorno.

Parigi è un mare di luci. Facciamo un giro sulla Senna. Parliamo ancora. Poi Marcello dice.

– Valeria, è tardi. Devo andare.
– Che ore sono?
– È quasi mezzanotte.
– Sì, a mezzanotte tu devi andare. Come Cenerentola.

Marcello ride.

– Non posso rimanere – dice.
– Lo so. Però è triste, così.

---

note ◂

mi abbraccia (inf. abbracciare)

brivido • emozione intensa
paura • spavento, timore *Non mi piace andare in campagna perché ho paura degli insetti.*

felice • allegro, contento *Sono molto felice perchè oggi incontro i miei amici!*
triste • infelice
– *Perchè sei triste?*
– *Perché le vacanze sono finite.*
Cenerentola • personaggio letterario (in inglese *Cinderella*)

– Non ci sono altre soluzioni. Ci vediamo sabato prossimo?
– Sì. Per me non esiste il sabato senza di te.
– Anche per me, Valeria. Ora devo andare. Ciao.
– Ciao, Marcello.

Marcello chiude la connessione, io metto gli occhiali sul tavolo. Questo programma di realtà virtuale è incredibile. Marcello è un informatico, e ha creato questo programma quasi per gioco. Poi quell'annuncio: "Vuoi testare un nuovo programma di Realtà Virtuale?" e la sua mail.
È iniziato tutto un sabato sera. E da quel sabato abbiamo continuato a vederci tutte le settimane. Ogni sabato. Ora sono sei mesi che ci conosciamo. Una volta ho domandato a Marcello:

– Ma tu sei reale? O anche tu sei virtuale?
– Ahahah, ma che dici, Valeria. Non senti la mia mano?
– Sì, ma tu non sei qui. Non è la tua mano.
– Non senti la mia voce?
– Sì, ma può essere una voce digitale.
– Allora vuoi che non ci vediamo più?
– Ma cosa dici? Sei pazzo?
– No, voglio solo essere sicuro. Devi credere in me.
– Certo, Marcello.
– Ci vediamo sabato.
– Sì. A sabato.

fai gli ESERCIZI
vai a pagina 46

▶ note

tavolo

realtà virtuale • rappresentazione artificiale del mondo
Con la realtà virtuale è possibile visitare un museo senza uscire di casa.
informatico • esperto di computer
pazzo • matto *Lorenzo è pazzo, si lava i denti con lo shampoo.*

Ferragosto

Oggi è Ferragosto. E Corrado è in spiaggia, come tutti. Ma è solo. Da quando Mara lo ha lasciato, viene sempre in spiaggia da solo. Ma senza Mara la spiaggia è triste. Corrado ama l'estate, ma senza Mara l'estate è triste e le ore non passano mai. Corrado viene in spiaggia perché non sa dove andare, senza Mara.

In spiaggia Corrado può studiare, leggere, dormire. E guardare la gente. Per esempio, questa famiglia davanti a lui. Sono quattro: padre, madre e due figli. La figlia grande ha l'età di Corrado: è carina, ma non sorride mai. Il figlio piccolo ha forse 10 anni. Adesso padre e figlio giocano con le racchette.

— Roberto! — dice la signora al marito — Hai messo la crema solare?
E Antonio? Antonio!
— Sì mamma? — dice il bambino.
— Dov'è il tuo cappello?

Ma non aspetta la risposta. Guarda la figlia e dice:

— Marzia, amore! Perché non fai il bagno?
— Non ho voglia.
— Vuoi bere? Puoi andare al bar a prendere qualcosa da bere... Vuoi i soldi?
— No, mamma, non voglio niente.

La ragazza si chiama Marzia. È molto carina.

---

note ◂

spiaggia

racchette

ha lasciato (inf. lasciare) • chiudere una relazione d'amore

crema solare • pomata che protegge la pelle dal sole
fai il bagno (inf. fare) • entrare in acqua
Non mi piace fare il bagno al lago, preferisco il mare.

Ma non guarda mai verso Corrado. Guarda verso il mare, qualche volta guarda dei ragazzi che giocano con un pallone, poco lontano.
Poi si alza e va verso il mare.

MARZIA
Odio il Ferragosto! Tutti gli anni devo passare il Ferragosto con la mia famiglia ed è una noia terribile. La spiaggia è piena di gente, ma non c'è un ragazzo interessante e soprattutto libero! C'è solo questo qui dietro che mi guarda sempre... ma cosa vuole? È solo e sta tutto il tempo seduto a leggere libri e giornali... Non è brutto, ma deve essere un tipo noioso, con tutti quei libri... Ah, odio il Ferragosto!

MAMMA DI MARZIA
Anche quest'anno passiamo il Ferragosto in questa spiaggia. Ogni anno le stesse vacanze, le stesse persone. Però a me il mare piace, e anche a Roberto. Io e lui ci siano conosciuti qui, tanti anni fa, e per noi venire qui è come tornare all'inizio della nostra storia d'amore. Anche ad Antonio, nostro figlio, piace venire qui. Al mare un bambino può fare tanti giochi. Marzia invece non ama questo posto. Mi dispiace per lei, si annoia, è grande e non ha amiche, qui. Però c'è quel ragazzo dietro di noi, è carino e la guarda sempre. Forse prima della fine della giornata può succedere qualcosa...

A mezzogiorno inizia a piovere. Tutti vanno verso il bar, per ripararsi. Arrivano tutti: Corrado, Marzia e la sua famiglia, i ragazzi e le ragazze della spiaggia, le famiglie. Piove forte e tutti guardano in alto. Molti ridono.

MARZIA
Ma perché ridono? La pioggia a Ferragosto non è divertente! E adesso cosa facciamo? Quanto dobbiamo aspettare ancora? E se non smette di piovere fino a stasera?

– Vuoi un gelato?
– Cosa? E tu chi sei?

note ◂

piovere    ripararsi • trovare protezione *Per ripararsi dalla pioggia si usa l'ombrello.*
smette (inf. smettere) • finire *Maria smette di lavorare alle 5:00.*

– Mi chiamo Corrado. Ciao.
– Ciao. Io sono Marzia.
– Lo so. Vuoi un gelato?
– Ma... hai comprato due gelati?
– Sì. Uno per me e uno per te. Quale ti piace di questi?
– Uhm... Questo, al cioccolato.
– Ok, io prendo quello alla fragola.
– Ti piace la fragola?
– No!

MAMMA DI MARZIA
È bello vedere Marzia ridere. E adesso ride con quel ragazzo carino, mangiano un gelato, parlano e ridono. È bello essere giovani. A Ferragosto penso sempre a tutti i Ferragosti che ho passato al mare con Roberto. Quanti bagni, quante cose divertenti abbiamo fatto! Ma adesso ha smesso di piovere, torniamo in spiaggia.

– Roberto, dove sei?
– Siamo qui! Io e Antonio giochiamo a biliardino contro Marzia e Corrado! Conosci Corrado?
– No! Arrivo...! Posso giocare anch'io?

fai gli ESERCIZI
vai a pagina 48

▶ note

fragola    biliardino

Capodanno

Capodanno è il mio giorno preferito. Tutti escono per divertirsi e io posso lavorare. Il mio lavoro ha bisogno di silenzio. Entrare nelle case degli altri non è facile. E poi in poco tempo devo capire dove sono i soldi, i gioielli... E sperare di non trovare cani o allarmi.

Per questo a Capodanno resto sempre a casa, da solo. E aspetto. Vivo in questo grande palazzo da anni, e ogni Capodanno c'è sempre qualcuno che esce e non torna fino alle 5 o le 6 della mattina dopo. E io sono libero di lavorare. Quest'anno sono molto fortunato: sono le 19:00 e i miei vicini si preparano già a uscire. Forse hanno una festa da amici o in un ristorante. Il cenone, il brindisi di mezzanotte, i balli... Ho tutto il tempo che voglio.

Ecco, hanno aperto la porta. Ridono, parlano a voce alta:

– Allora, siete pronti? Andiamo?
– Sì sì! E Sandro? Gabriele?
– Ci aspettano davanti al ristorante!
– Bene, bene! Siete pronti? Gustavo, Daniela!
– Sì, arriviamo!

Sento la porta che si chiude. Qualcuno ha chiamato l'ascensore. Scendono. Sono scesi. Aprono il portone del palazzo. Escono. Sono usciti. Perfetto.

Esco anch'io, per vedere com'è la situazione. Tutto ok, la porta dei vicini è vecchia, la posso aprire in pochi minuti. Perfetto. Ma... chi piange?

---

note

gioielli

sperare • desiderare *Spero di trovare un buon lavoro.*

fortunato • con un destino positivo
– *Ho trovato 50 euro per terra...*
– *Sei fortunato!*

cenone • cena di Capodanno *Il 31 dicembre organizziamo sempre il cenone a casa nostra.*

brindisi  balli • movimento del corpo al ritmo della musica

ascensore

Dalla porta della vicina di fronte sento qualcuno piangere. La vicina si chiama Ada, ha 80 anni e vive sola da quando è morto il marito Amedeo, qualche mese fa. Questo è il primo Capodanno che passa da sola. Piange molto.
Così non posso lavorare. Busso alla sua porta. Smette di piangere, ma non apre.

– Signora Ada! – dico – Sono Silvio, il suo vicino!

La porta si apre. Esce la testa della signora Ada.

– Signor Silvio, è Lei!
– Sì... sta bene, signora Ada?
– Sì... – ma subito ricomincia a piangere – Nooo! Non va bene! Sono sola, a Capodanno, senza il mio Amedeo! I miei figli vivono lontani, e le mie amiche a Capodanno vogliono divertirsi, non vogliono stare con me!

Piange molto. Adesso ha aperto tutta la porta. Entro. Forse posso lavorare anche qui. Guardo intorno: tanti cassetti, tanti posti dove cercare. Forse Ada tiene i soldi della pensione in casa.

– Vuole che passiamo il Capodanno insieme? – chiedo – Anch'io sono solo...
– Dice davvero, signor Silvio? Ma Lei è giovane, è un bell'uomo, sicuramente ha degli amici, un'amica...
– No, signora: io a Capodanno sono sempre solo. So anche cucinare! A casa ho zampone, lenticchie e un buon vino rosso!
– Ma cosa dice! Io cucino! So fare delle tagliatelle buonissime! Lei può portare il vino e lo zampone!
– Però La voglio aiutare a preparare la tavola! Posso?
– Certo, certo, Silvio!

▶ note

busso (inf. bussare)

cassetti

pensione • denaro che si riceve dallo Stato quando si diventa anziani
zampone e lenticchie • piatti tipici del cenone di Capodanno

tagliatelle • tipo di pasta fresca
– Qual è il tuo piatto preferito?
– Le tagliatelle al ragù!

Ada va in cucina, io cerco in fretta nei cassetti del soggiorno: niente. Entro un momento nella camera da letto: non è la casa di una persona che ha soldi. Cerco anche nel corridoio: non c'è niente. Questa donna non ha niente. Niente.

Torno a casa e prendo lo zampone, le lenticchie, la bottiglia di vino. La signora Ada cucina le tagliatelle e prepara degli antipasti, io metto lo zampone nella pentola e apro la bottiglia.

Mangiamo in soggiorno, la cena è buonissima: Ada cucina veramente bene. Guardiamo alla televisione uno dei programmi dove a mezzanotte tutti iniziano a fare il conto alla rovescia. Ada prende una bottiglia di spumante e anche noi diciamo:

– Dieci, nove, otto, sette, sei, cinque, quattro, tre, due, uno… Buon anno!
– Buon anno, Silvio!
– Buon anno, Ada!

Apro la bottiglia e il tappo salta sul balcone, Ada dice: "Evviva!" e si mette qualche goccia di spumante dietro le orecchie, perché porta fortuna, dice.

Brindiamo e guardiamo i fuochi d'artificio fuori sul balcone. Beviamo lo spumante. Ada dice:

– Grazie, Silvio. Sono stata proprio bene con Lei.
– Anch'io, Ada.

È vero. È incredibile, ma vero.
Poi Ada dice:

– Lei è molto gentile. È una brava persona.

---

note ◄

corridoio • parte di un appartamento che unisce le stanze

pentola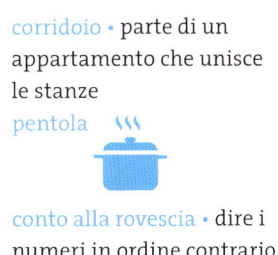

conto alla rovescia • dire i numeri in ordine contrario *10-9-8-7-6*

tappo

balcone • spazio esterno di una casa *Sul mio balcone ci sono molti fiori.*

goccia

brindiamo (inf. brindare) • fare un brindisi

fuochi d'artificio

STORIE per i giorni di festa

A mezzanotte e mezza Ada è stanca. Io saluto ed esco. Lei mi abbraccia, dice ancora "Grazie, grazie!", io dico "Buon anno" e apro la porta di casa mia.
I vicini non sono tornati, ho ancora tempo per lavorare in casa loro. Forse dopo.
Entro in casa, sento Ada cantare una vecchia canzone. Sotto la finestra sento delle persone che gridano "Buon anno! Auguri! Buon anno!"
Mi metto il pigiama e guardo un vecchio film alla tv.
Penso: "Anno nuovo, vita nuova".

fai gli ESERCIZI
vai a pagina 51

25 aprile

Sono nato il 25 aprile 1945, il giorno della Liberazione. Quel giorno, mia madre ha chiamato Alfredo, un partigiano amico di mio padre, e gli ha detto:

– È nato, è un maschio.

Alfredo ha preso la bicicletta e ha attraversato tutta Milano per dire a mio padre:

– Sei diventato papà, è un bel maschio.
– Evviva, congratulazioni! – hanno gridato i partigiani.
– Oggi è un grande giorno, per me. – ha detto mio padre.

Poco dopo, è arrivato l'ordine per tutti i partigiani: attaccare i fascisti e i tedeschi. Quel giorno sono nato io, ma è nata anche l'Italia libera e democratica.

Oggi sono vecchio, e non mi piace festeggiare i miei anni, sono troppi e non voglio contare più quanti sono. Ma festeggio sempre il 25 aprile con i miei nipoti, Carolina e Filippo. Ci svegliamo alle 8:00, io mi vesto elegante, prendo dall'armadio la bandiera e chiamo gli amici per confermare l'appuntamento: alle 12:00, in Corso Venezia.
Poi vado a casa di Luca, mio figlio, Carolina fa colazione e Filippo è in bagno: fa la doccia e canta "Bella ciao". Quando usciamo tutti e tre, alle 11, cantiamo "Bella ciao" tutti insieme, io, vecchio, loro giovani, e ancora per strada, con i loro amici di 20 anni tutti a gridare "O partigiano, portami viaaa! O bella ciao, bella ciao, bella ciao ciao ciao!"

Arrivo in corso Venezia e ci sono anche i miei amici, anziani come me.

---

note ◂

partigiano • persona che ha combattutto contro i nazi-fascisti
nipoti • figli dei figli *Luca ha due figli e tre nipoti.*
anziani • vecchi, il contrario di "giovani" *I miei nonni sono molto anziani.*

STORIE per i giorni di festa

Abbracciano Carolina e Filippo e ancora tutti riprendiamo a cantare "Bella ciao ciao ciao!". Io alzo la mia bandiera, e così fanno molti altri. Iniziamo tutti insieme a camminare, insieme a migliaia di persone, attraversiamo il centro di Milano. Arriviamo a piazza del Duomo e siamo tanti, siamo felici. La bandiera italiana è alta nel cielo, Carolina mi dà un bacio e dice: "Nonno, auguri! E buon 25 aprile!" Filippo mi abbraccia e dice: "Viva il 25 aprile!".

È il giorno più bello della mia vita.

fai gli ESERCIZI
vai a pagina 53

▶ note

cielo • spazio in cui si muove la terra, atmosfera *Oggi il cielo è limpido, non ci sono nuvole.*

Natale

Il 25 dicembre. Natale. Quando hai 10 anni, ami il Natale; a 40 anni detesti non solo il Natale, ma anche la Vigilia e il 26, Santo Stefano. Perché? Perché sei sposato e hai una famiglia, due figli, due suoceri, molte zie e zii.

E allora dire "Natale" non significa solo il 25 dicembre, ma tre giorni uno uguale all'altro. Tutto inizia alla Vigilia.

24 dicembre • Vigilia di Natale

Sono le otto di sera e devi fare ancora il regalo a tua moglie Teresa. "Sempre così, ogni anno arrivo alla Vigilia e non ho ancora fatto tutti i regali!" pensi. Alla fine compri sempre un libro, proprio un minuto prima della chiusura della libreria. Arrivi a casa e Teresa è già pronta con i bambini.

– Arrivi sempre tardi! Dai, che dobbiamo andare dai tuoi! Lo sai che tua madre vuole mangiare alle otto e mezzo precise!
– Sì sì, lo so.
– Andiamo dai nonni! Andiamo dai nonni! – gridano i bambini, Irene e Tommaso.

Tu e la tua famiglia salite in macchina. Arrivate a casa di tua madre alle otto e ventisette: tua madre è già pronta con l'antipasto di pesce sul tavolo:

– Sempre in ritardo! Su, è pronto, a tavola!

Alle 22 la nonna dice:

– Allora, bambini, giochiamo a tombola?

---

note

detesti (inf. detestare) • odiare, non tollerare *Vorrei andare a vedere un film d'amore, ma so che tu detesti il romanticismo. Vado da sola.*

Vigilia • il giorno prima di una data importante

suoceri • i genitori del marito o della moglie

tombola • gioco da tavola simile al bingo

– Siiiiì! – gridano i bambini. E prendono la scatola della tombola.
– Ma non mangiamo il panettone? – dice nonno Enzo.
– Sì, il panettone! – gridano i bambini.

Alle 23:00 finisce anche la tombola, tu hai mangiato troppo e di solito dormi un po' e non senti la nonna che grida i numeri della tombola. Finalmente è ora di tornare a casa. Ma il periodo natalizio è solo iniziato.

25 dicembre • Natale

La regola della famiglia è: passare la vigilia dai tuoi, passare il Natale dai genitori di Teresa. Ma quando ti svegli, non capisci cosa succede.

▸ note

scatola

panettone •
dolce tipico
del Natale

I bambini stanno saltando sul letto:

– È arrivato Babbo Natale! È arrivato Babbo Natale! – dice Irene, la piccola.
– Papà, vieni ad aprire i regali con noi? – chiede Tommaso.

Alle 12:00 andate tutti a casa dei nonni. Come ieri. Cambiano solo i nonni. Tutto il resto è uguale, o quasi. Infatti cambia un po' anche il menù: alla Vigilia si mangia il pesce, a Natale invece si mangia la carne. E quindi: prosciutto, formaggio e olive per antipasto, tortellini in brodo per primo, tacchino per secondo, patate e insalata per contorno, e poi frutta, frutta secca, torrone, caffè, grappa o limoncello.
Finite di mangiare verso le 16:30.

Teresa aiuta la mamma in cucina e poi il nonno dice:

– Allora, bambini, giochiamo a tombola?
– Siiiiì! – gridano i bambini.
– Ma non mangiamo il pandoro? – dice la nonna.
– Sì, il pandoro! – gridano i bambini.
– Allora, bambini, iniziamo a giocare?
– Papà, tu non giochi? – chiede Tommaso.
– Ssst, bambini, papà dorme! – dice Teresa.

Quando ti svegli, sono le 17:30. Anche la terza tombola è finita, i bambini giocano con i loro regali, Teresa parla con i genitori.
Alle 19:30 ti alzi, dici a Teresa:

– Allora andiamo?

Ma tua suocera dice:

– Ma come, non restate a cena?

▶ note

tortellini in brodo • zuppa di pasta fresca ripiena

tacchino

frutta secca • mandorle, noci, nocciole

torrone • dolce tipico delle festività natalizie, a base di miele, zucchero e frutta secca

pandoro • dolce tipico del Natale, simile al panettone

– A cena?? Quale cena?
– Ma come? Ieri ho cucinato tutto il giorno, ci sono ancora tante cose, non avete mangiato niente!

Sei ostaggio dei suoceri fino alle 22:00, poi finalmente tu, tua moglie e i figli potete tornare a casa. Natale è finito, ma c'è ancora il 26 dicembre, Santo Stefano.

26 dicembre • Santo Stefano

Il 26 dicembre è come il 25, anche il menù.
Non ci sono i nonni, ma è il giorno degli zii, delle zie, dei cugini, e di altri parenti che vedi solo una volta all'anno. Per fortuna.
Di solito uno zio o un cugino invita tutti a casa sua. Tutti parlano a voce alta e dicono le stesse cose dell'anno prima.

Il giorno dopo torni al lavoro.
Finalmente le feste di Natale sono finite.

fai gli ESERCIZI
vai a pagina 55

---

note ◂

ostaggio • prigioniero *I terroristi hanno preso un uomo in ostaggio.*
cugini • figli della zia o dello zio

Epifania

Come ogni anno, il 6 gennaio Antonio e Marcella portano i loro figli a vedere la Befana che regala caramelle e dolci nella piazza della città. È la "festa della Befana", che arriva sulla sua scopa con un sacco pieno di cose buone, o di carbone per i bambini cattivi.

– Ma Giulia e Mauro sono bambini bravi, vero mamma? – chiede Antonio alla moglie.

Sono tutti in macchina, la piazza è vicina, Antonio cerca un posto dove parcheggiare.

– Certo! Per loro solo caramelle e cose buone! – dice Marcella.
– Papà, guarda quanti bambini! – dice Giulia.
– Sì, ci sono tante persone, non è facile trovare un parcheggio… – dice Antonio.
– Attento, papà, c'è la Befana! – grida Mauro.
– Sì sì, la Befana… – Antonio guarda a destra e a sinistra per vedere se c'è un posto libero.
– Davvero, papà, attento, è davanti a noi!
– Cosa? Chi?

STUMMPFFF!

Antonio ferma la macchina. Ma è troppo tardi, a terra c'è una persona…

– Hai ucciso la Befana! Hai ucciso la Befana! – gridano i bambini.
– Cosa? Ma io… O mio Dio!

Antonio e Marcella scendono dall'auto.

▶ note

Befana • vecchia strega, personaggio della tradizione popolare   caramelle   scopo   sacco    carbone • minerale usato per produrre energia e riscaldamento

I bambini piangono:

– Hai ucciso la Befana, la Befana è morta!
– Non sono morta, ma... non sto molto bene. – dice la Befana.
– Come sta? Signora...
– Sto bene, e mi chiamo Caterina. Però non mi posso alzare.
La gamba fa male.
– Non ti ho vista, veramente... O mio Dio...

Antonio aiuta Caterina a sedersi in macchina. Caterina ha 29 anni e quest'anno ha accettato di vestirsi come la Befana per guadagnare un po' di soldi. Ha una laurea e un master, ma ancora non ha un lavoro. I bambini guardano Caterina:

– Befana, come stai? Sei morta?
– No, non sono morta, bambini. Però la gamba della Befana non sta molto bene.

Arrivano due uomini: lavorano nell'organizzazione della Festa della Befana.

– Cosa succede? Caterina, cos'hai?

Caterina e Antonio raccontano cos'è successo.

– Cosa? – dice uno dei due uomini, Rodolfo – E adesso come facciamo? Dove troviamo un'altra Befana??

Arriva l'ambulanza. Poi arriva anche la polizia. I bambini vedono il papà parlare con i poliziotti. Intanto Caterina entra nell'ambulanza.

– Antonio, forse ho la soluzione. – dice Rodolfo – Puoi venire un momento con me?

I bambini vedono il padre parlare con Rodolfo.

▶ note

gamba

guadagnare • ottenere soldi *Per guadagnare bene devi trovare un buon lavoro.*
laurea • diploma che si ottiene alla fine degli studi all'università *Mauro ha una laurea in biologia e una in fisica.*

ambulanza

Il papà fa "no" con la testa, poi dice:

– No, no! Ma cosa dici?

Parlano anche i poliziotti. Parlano tutti. Alla fine Antonio va da Marcella e dai bambini.

– Voi potete andare a vedere la festa. – dice. – Io non posso venire. Ma ci vediamo dopo. Capito?
– Sì... – dice Marcella. – Ma va tutto bene?
– Sì sì, poi ti spiego. Stai tranquilla.

La festa della Befana inizia: i bambini gridano felici. Tutti aspettano la Befana.

– Mamma, la Befana non può venire, è andata via con l'ambulanza. – dice Mauro.

Marcella non sa cosa dire. Poi tutti gridano:

– La Befana, la Befana! Arriva la Befana!

Su una scopa, sopra un camion, arriva la Befana: lancia caramelle ai bambini e dice:

– Ciao bambini! Prendete le caramelle! Siete stati buoni? Chi vuole il carbone?

Marcella guarda la Befana: no, non può essere. Ma sì, è lui! È Antonio, vestito da Befana, con un grosso naso di carta colorata e una vecchia gonna lunga!

– Evviva la Befana! – gridano i bambini.
– Peccato che papà non c'è! – dice Mauro.

fai gli ESERCIZI
vai a pagina 57

--- note ◂

gonna

peccato che • che sfortuna!
– *La festa è stata bellissima.*
– *Peccato che non siamo potuti venire!*

STORIE per i giorni di festa

Pasqua

traccia 9

Silvano e Daniela sono sposati da dieci anni: dal 18 aprile di dieci anni fa. Quest'anno, il 18 aprile è la domenica di Pasqua e Silvano ha pensato a un regalo per Daniela. Prima è andato in una gioielleria:

– Buongiorno, signore. – dice il gioielliere.
– Buongiorno. Vorrei un anello per un anniversario. Una cosa semplice, ma elegante.
– Certo signore: questo anello, per esempio?
– Sì, perfetto.

Poi è andato alla pasticceria Bondi, la migliore pasticceria della città:

– Buongiorno, signore. Cosa desidera?
– Vorrei fare una sorpresa a mia moglie: è possibile mettere questo anello dentro un uovo di Pasqua?
– Certo signore. Cioccolato al latte o fondente?
– Al latte.
– Di che colore vuole la carta dell'uovo?
– Rossa.
– Benissimo. Può venire a prendere l'uovo dopodomani.

La domenica di Pasqua vanno tutti a casa dei nonni: come sempre nonna Pina ha preparato un pranzo molto buono. Silvano, Daniela e Sara, la loro bambina, arrivano alle 12:00. C'è anche il loro cane, Nerone: un cane grosso e nero.

– Buona Pasqua nonna, buona Pasqua, nonno! – dice Sara.
– Buona Pasqua, Sara! E a voi – dice la nonna a Silvano e Daniela – buon anniversario!

▶ note

gioielleria • negozio di gioielli
anello
pasticceria • negozio di dolci
uovo
fondente • cioccolato amaro

– Grazie, mamma. – dice Silvano.
– Sara, vuoi colorare le uova con nonno? – dice nonno Bruno.
– Sìììì!

Sara va con il nonno in cucina a colorare le uova. Arrivano la zia Marta e lo zio Stefano, con i loro figli. Silvano e la sorella Marta mettono le uova di cioccolato in soggiorno, vicino alla finestra. Silvano vede un altro uovo rosso della pasticceria Bondi.

– E quello di chi è? – chiede.
– È il mio uovo per Sara. – dice la sorella di Silvano – Dentro c'è una sorpresa speciale!
– Ah... bene...! Anche io ho una sorpresa speciale per Daniela. È per il nostro anniversario.

Dopo pranzo, è ora di aprire le uova. Silvano, Daniela e Marta mettono le uova sul tavolo.

– Possiamo aprire le uova? – chiede Sara.
– Certo – dice la zia Marta – Ecco, Sara, questo è per te! – e dà a Sara il grande uovo rosso.
– E questo è per te, amore mio. – dice Silvano a Daniela, e prende l'altro uovo rosso.
– Che bello! Però è un po' grande, per me...! – grida Sara: ha aperto l'uovo e ha trovato l'anello di Silvano.
– Cosa? – dice Silvano – No, quello non è il tuo uovo! Quello è per mamma!
– Davvero? – dice Daniela, e apre l'uovo. Dentro trova una piccola collana per bambina.
– No, io voglio questo anello! – dice Sara.
– No, amore, quello è per mamma!
– Sì, – dice zia Marta – il mio uovo per te non è quello!
– Io voglio questo anello! Io voglio questo anello! – grida Sara.

▶ note

soggiorno • salone, la stanza più grande di un appartamento
In soggiorno ci sono il divano e la tv.

collana

La confusione ha svegliato Nerone, e adesso è anche lui in soggiorno, in mezzo alla stanza.

– No, amore, per favore, quell'anello è di mamma! – dice Silvano.

Sara vuole mettere l'anello, ma l'anello è grande e cade. Nerone si alza e mangia l'anello.

– Nooo! Nerone! – grida Silvano.
– Cos'ha fatto Nerone? – dice nonna Pina.
– Ha mangiato l'anello!
– Che anello?

Sara piange, Silvano guarda Daniela e Daniela guarda Silvano: iniziano a ridere, ridere, ridere.

– Perché ridete, voi due? – dice nonno Bruno, ma dopo un po' inizia a ridere anche lui.

Dopo pochi minuti, ridono tutti, anche Sara. Tutti guardano Nerone: il cane non capisce ma muove la coda, felice.

fai gli ESERCIZI
vai a pagina 59

note ◄

coda

Lunedì

SONO LE SEI E TUTTO VA BENE! BUON LUNEDÌ A TUTTI! – dice la radio.

Come ogni mattina, Rino si sveglia:

– Tutto va bene? Ma è lunedì! E sono le sei! – pensa.

Spegne la radio. Si alza.

– Buongiorno, amore mio. – dice Rino a Giulia, sua moglie.

Ma Giulia dorme. Giulia si sveglia alle 7 e mezzo, lei lavora vicino a casa. Rino no. Rino per andare a lavorare deve prendere un treno, un autobus e poi camminare per 15 minuti.

Rino si lava, fa colazione e poi si veste. Quando è pronto per uscire, sua moglie si alza un momento e lo saluta.

– Ciao Rino, buon lavoro. – dice.
– Ciao Giulia. Anche a te.

Rino dà un bacio a Giulia ed esce. Va alla stazione in bicicletta. In estate, in inverno, con la pioggia o con il freddo, Rino va sempre alla stazione in bicicletta.

Quando arriva alla stazione, Rino compra il giornale. Oggi è lunedì e ci sono le notizie sportive.

– Buongiorno Rino, oggi sei felice, eh? – dice Giacomo il giornalaio.

Quando la squadra di Rino vince la domenica, Rino è sempre felice.

– E tu, Giacomo? La tua squadra non va bene?

▶ note

spegne (inf. spegnere) • togliere la corrente elettrica *Quando Laura va a dormire spegne la luce.*

– Quest'anno una domenica vince e una domenica perde.
– Il campionato è lungo! – dice Rino.

Poi Rino entra nel bar per prendere un caffè: il treno parte alle 6:48 e Rino ha ancora 5 minuti per parlare con gli amici. Il lunedì la conversazione è naturalmente tutta sul calcio.

– Buongiorno Rino! – grida Franco, il barista.
– Buongiorno Franco. Buongiorno ragazzi! – dice Rino.
– Ciao Rino – dice Oreste, un vecchio signore: la sua squadra perde da quattro domeniche e anche questo lunedì Oreste è triste.
– Quest'anno il nostro numero 10 gioca senza cuore. – dice Filippo, il farmacista.
– Ma chi? Gotti? Ma non sai che è innamorato? – dice Rino.
– E di chi?
– Di Olana, l'attrice della serie "La porta dell'amore".

Arriva il treno, Rino paga il caffè e saluta gli amici. Sale sul treno e si siede. Proprio davanti a lui c'è una bella ragazza. Ma… è Olana! L'attrice di "La porta dell'amore". Sì, è proprio lei! Rino non sa cosa dire… guarda Olana, guarda la foto di Gotti sul giornale…
Olana però è nervosa. Guarda sempre fuori dal finestrino, poi guarda l'orologio, poi il finestrino. Il treno parte.

– Olana! – grida qualcuno fuori dal treno.

Olana apre il finestrino del treno. Fuori c'è Gotti, il numero 10, che sta correndo mentre il treno parte!

– Amore mio! – grida Gotti.
– Non sono il tuo amore! Tu hai Rosanna, e Carmen, e… tutte le ragazze di quelle foto!

Olana piange, il treno è partito e Gotti è lontano.

---

note ◂

campionato • competizione sportiva
farmacista • la persona che vende le medicine *Che raffreddore! Vai in farmacia e chiedi al farmacista quali medicine puoi prendere.*

innamorato • persona che prova amore *Mario è innamorato di Paola e vuole sposarla.*
attrice • donna che lavora a teatro, al cinema o in televisione *Monica Bellucci è una famosa attrice italiana.*

Rino rimane in silenzio davanti a lei e non vuole aprire il giornale, con quella foto di Gotti in prima pagina.
Mentre Olana piange, il suo telefono suona. Rino capisce che è Gotti. Olana si alza e va a parlare più lontano. Sente Olana piangere e gridare. Quando il treno si ferma, Olana scende. Alla stazione c'è Gotti con un grande mazzo di rose rosse.
Gotti bacia Olana, ma lei non vuole. Allora parlano. Poi lei prende le rose. Gotti prende la mano di Olana, lei sorride. Escono dalla stazione insieme. Rino li guarda. Poi telefona a Giulia.

– Ciao, come va?
– Mah, – dice Giulia – come tutti i lunedì. E tu? Hai una voce strana.
– Sì. – dice Rino – Stasera usciamo a cena?
– Stasera? Ma cos'hai?
– Niente, ho voglia di cenare al ristorante con mia moglie. Usciamo o no?
– Beh... va bene. – ride Giulia.
– Bene. Allora prenoto io. A stasera, Giulia. Buon lunedì.
– Buon lunedì a te!

Sì, un buon lunedì, pensa Rino. Il primo buon lunedì della sua vita.

fai gli ESERCIZI
vai a pagina 62

 note

mazzo di rose

ESERCIZI Carnevale

1 Scegli la risposta giusta.

1. Tommaso vive con la moglie e il figlio?
   ☐ a. Sì.
   ☐ b. No.

2. Perché Tommaso odia Batman?
   ☐ a. Perché gli ricorda un brutto momento del suo passato.
   ☐ b. Perché il costume da Batman è finito e suo figlio vuole solo quello.

3. Chi è Veronica?
   ☐ a. Un'amica di scuola di Tommaso.
   ☐ b. Una signora che Tommaso conosce nel negozio.

4. Alla fine, che costume ha Luca?
   ☐ a. Quello di Batman.
   ☐ b. Quello di Capitan America.

2 Completa il testo con le parole della lista.

| sentimenti | festa | vecchia | maschera |
| occasione | indietro | compagna | |

Batman. Tommaso odia Batman. Ma è una storia _____.
Una storia di 35 anni fa. Tommaso torna _____ di 35 anni e ricorda: ora lui ha 10 anni ed è alla _____ di Carnevale della sua scuola. Tommaso è vestito da Robin Hood e Veronica, la sua _____ di scuola, ha la _____ di Colombina.
Lui ama Veronica e lei non lo sa, ma Tommaso ha deciso: la festa di Carnevale deve essere l'_____ per dire a Veronica che lui la ama. Sono cose importanti, per un bambino di 10 anni.
I suoi primi _____, il suo primo amore.

3 • Completa il testo con i verbi al presente (**P**) o al passato prossimo (**PP**).

Nel negozio è pieno di bambini e genitori:
tutti (*dovere* – P) _____ comprare la maschera
di Carnevale. (*Esserci* – P) _____ tante maschere.

– Ehi, Luca, cosa (*pensare* – P) _____ di Capitan
America? Anche lui è forte, no?

Ma Luca non è molto sicuro:

– Capitan America...? Sì, però... io
(*preferire* – P) _____ Batman.
– Uff... sempre con questo Batman! Guarda quel bambino,
lui (*prendere*– PP) _____ Superman. Non è male
Superman, no?
– Sì, ma le maschere di Superman (*finire* – PP) _____.
(*Noi – comprare* – PP) _____ l'ultima. –
(*dire* – P) _____ la mamma del bambino-Superman.

📎 Carnevali italiani famosi

Tutti conoscono il Carnevale di Venezia, ma in Italia ci sono molte città dove il Carnevale è una festa importante.

Carnevale di Viareggio (Toscana): è uno dei più importanti in Europa, famoso soprattutto per i grandi e colorati carri che sfilano lungo le strade della città.

Carnevale di Putignano (Puglia): è uno dei più antichi d'Europa. Finisce il martedì grasso, con una sfilata di carri simile a quella di Viareggio.

La sfilata dei carri di Viareggio

Carnevale di Ivrea (Piemonte): è particolare per la battaglia delle arance, che è il momento più importante del Carnevale e a cui partecipano tutti i cittadini.

Carnevale di Fano (Marche): anche a Fano, durante la sfilata dei carri, c'è una battaglia, ma di cioccolatini e caramelle,

La battaglia delle arance di Ivrea

in una "dolce" guerra tra chi sta sopra il carro e il pubblico sulle strade.

Carnevale di Acireale (Sicilia): ha origini nel 1500 e anche qui sfilano grandi carri con figure di cartapesta. Ma quelli che attirano di più l'attenzione sono i carri infiorati, cioè pieni di fiori.

Carnevale di Venezia (Veneto): è sicuramente il più famoso Carnevale d'Italia e forse d'Europa. Ogni anno vengono turisti da tutto ilmondo per assistere a una festa a cui partecipa tutta la città e che ha momenti anche spettacolari, come il Volo dell'Angelo, all'inizio del Carnevale e la grande festa in maschera di martedì grasso, ultimo giorno.

Maschera al Carnevale di Venezia

Nel tuo Paese si festeggia il Carnevale? Come? Hai un ricordo particolare legato al Carnevale?

ESERCIZI — Primo maggio

1 Scegli la frase giusta.

1. Salim ha dato appuntamento a Chiara
   - ☐ a. in piazza San Pietro, quando il papa parla alla gente.
   - ☐ b. in piazza San Giovanni, il giorno di un importante concerto.

2. Secondo Chiara, Salim
   - ☐ a. non sa cosa succede a Roma il primo maggio.
   - ☐ b. non vuole parlare mai di politica.

3. Salim è
   - ☐ a. un uomo politico.
   - ☐ b. un musicista.

4. Salim augura al pubblico
   - ☐ a. buona domenica.
   - ☐ b. buona Festa del lavoro.

2 Completa il testo con le preposizioni della lista.

| a | alla | da | in | per | dal | del | del | in | per |

Forse Salim non sa che oggi è il Primo maggio, e _____ piazza San Giovanni, qui _____ Roma, c'è il grande concerto _____ Primo maggio, _____ celebrare la Festa _____ lavoro. Arrivano giovani _____ tutt'Italia _____ ascoltare i tanti gruppi e i tanti musicisti che suonano _____ piazza _____ ore, _____ pomeriggio fino _____ sera.

3. Completa le frasi con le parole della lista.

| microfono | manifesti | diritti | chitarra | palco |

1. Salim sale sul _____.
2. Per strada ci sono molti _____ del Concerto del Primo maggio.
3. Salim parla al _____ e dice: "uno due tre prova!".
4. Salim suona la _____.
5. Chiara dice che in molti Paesi non esistono i _____ dei lavoratori.

Il concerto del Primo maggio

La storia del concerto del Primo maggio a Roma inizia nel 1990.
Da quell'anno, il "concertone", come lo chiamano gli italiani, è diventato una tradizione per moltissimi giovani che vengono da tutta Italia per sentire cantare artisti e gruppi musicali dal pomeriggio fino alla notte. La Rai ogni anno trasmette il concerto in diretta su tre canali.
Dal 1990 a oggi, hanno cantato al concertone tutti i più grandi cantanti italiani, ma anche ospiti internazionali.

Cosa sai del Primo maggio? Sai dove è nata la Festa? Fai una ricerca su Internet e scrivi un breve testo in italiano sulla storia della Festa dei lavoratori.

Il concertone in piazza San Giovanni

ESERCIZI — Sabato

1• Vero o falso?

	V	F
a. Valeria e Marcello hanno un appuntamento.	☐	☐
b. Valeria è andata a comprare un vestito con Marcello.	☐	☐
c. Valeria e Marcello prendono un aereo per Parigi.	☐	☐
d. Marcello non è sposato.	☐	☐
e. Valeria e Marcello si incontrano solo il sabato.	☐	☐
f. Valeria e Marcello si incontrano solo nella realtà virtuale.	☐	☐

2• Completa il testo con i verbi al passato prossimo. Il soggetto è sempre Valeria.

(*Passare*) _____ il sabato mattina a cercare il vestito giusto. Poi il pomeriggio (*cercare*) _____ le scarpe. Alle 19:00 (*tornare*) _____ a casa, stanca ma soddisfatta. (*Fare*) _____ la doccia, poi (*pettinarsi*) _____ e (*truccarsi*) _____. (*Vestirsi*) _____. Alle 21:00 anche lui è pronto.

3• Indica se le parole sono maschili (**M**) o femminili (**F**).

	M	F
a. scarpe	☐	☐
b. stagione	☐	☐
c. vita	☐	☐
d. soluzione	☐	☐
e. connessione	☐	☐
f. occhiali	☐	☐
g. programma	☐	☐
h. voce	☐	☐

4 Completa il testo con i pronomi, poi abbina le colonne e forma le frasi.

1. Ho fatto la doccia, poi
2. Perché dobbiamo veder____
3. ____ vediamo
4. Da quel sabato abbiamo continuato
5. Ora sono sei mesi

a. sabato.
b. a veder____ tutte le settimane.
c. che ____ conosciamo.
d. ____ sono pettinata e ____ sono truccata.
e. solo il sabato?

5 Metti in ordine il dialogo.

- [1] a. Ma tu sei reale? O anche tu sei virtuale?
- [ ] b. Non senti la mia voce?
- [ ] c. Allora vuoi che non ci vediamo più?
- [ ] d. Ahahah, ma che dici, Valeria. Non senti la mia mano?
- [ ] e. Sì, ma tu non sei qui. Non è la tua mano.
- [ ] f. Ma cosa dici? Sei pazzo?
- [ ] g. Sì, ma può essere una voce digitale.

Gli italiani e il sabato sera

Dove vanno gli italiani il sabato sera? Prima di tutto c'è l'aperitivo (da alcuni anni è diventato una piccola cena), che spesso è anche l'occasione per darsi appuntamento e decidere cosa fare dopo; qualche volta si decide di andare al cinema, e poi magari finire la serata in un pub, in una birreria o in un locale dove ascoltare buona musica e ballare. Se non fa freddo, molti amano fare una passeggiata in centro. I giovani si incontrano spesso in una piazza dove poi stanno seduti sui gradini a chiacchierare con gli amici.

Come passi il sabato sera?
C'è una cosa tipica del sabato sera nel tuo Paese?

Lo spritz, un tipico aperitivo italiano

ESERCIZI Ferragosto

1. Scegli la risposta giusta.

1. Perché Corrado è al mare?
   - a. Perché è solo e non sa cosa fare.
   - b. Perché vuole conoscere Marzia.

2. Perché Marzia odia il Ferragosto?
   - a. Perché c'è troppa gente in spiaggia.
   - b. Perché non ha amici e si annoia.

3. La famiglia di Marzia conosce quella spiaggia?
   - a. Sì, ci vanno ogni Ferragosto.
   - b. Sì, ci sono andati un'altra volta.

4. Perché Corrado compra un gelato per Marzia?
   - a. Perché piove.
   - b. Perché vuole conoscere Marzia.

2. Scegli il significato giusto delle espressioni **evidenziate**.

1. Mara **ha lasciato** Corrado.
   - a. Non ha portato Corrado in spiaggia.
   - b. Ha interrotto la relazione con Corrado.
   - c. Ha dimenticato Corrado in spiaggia.

2. Marzia non vuole **fare il bagno**.
   - a. Non vuole lavarsi.
   - b. Preferisce fare la doccia.
   - c. Non vuole entrare nell'acqua del mare.

3. **Smette** di piovere.
   - a. Finisce di piovere.
   - b. Riprende a piovere.
   - c. Comincia a piovere.

4. Tutti vanno al bar per **ripararsi**.
   - a. Divertirsi.
   - b. Bere qualcosa.
   - c. Proteggersi dalla pioggia.

3 • Completa i testi con le parole della lista. Attenzione: ci sono alcune parole che vanno in tutti e due i testi: quali?

| guarda | dietro | dispiace | ragazzo | spiaggia |
| piace | carino | Ferragosto | libero | brutto |

MARZIA
Odio il _____! Tutti gli anni devo passare il Ferragosto con la mia famiglia ed è una noia terribile. La _____ è piena di gente, ma non c'è un _____ interessante e soprattutto _____! C'è solo questo qui dietro che mi _____ sempre... ma cosa vuole? È solo e sta tutto il tempo seduto a leggere libri e giornali... Non è _____, ma deve essere un tipo noioso, con tutti quei libri... Ah, odio il Ferragosto!

MAMMA DI MARZIA
Anche quest'anno passiamo il _____ in questa _____. Ogni anno le stesse persone. Però a me il mare _____, e anche a Roberto. (...) Marzia invece non ama questo posto. Mi _____ per lei, si annoia, è grande e non ha amiche qui. Però c'è quel ragazzo _____ di noi, è _____ e la _____ sempre. Forse prima della fine della giornata può succedere qualcosa...

Parole comuni ai due testi:

_____ • _____ • _____

4 • Abbina i contrari.

a. triste   1. noioso
b. grande   2. bello
c. interessante 3. felice
d. brutto   4. piccolo

Ferragosto

Ferragosto, per gli italiani, significa vacanza e soprattutto partenza. Gran parte degli italiani infatti passa il periodo di Ferragosto (cioè la settimana del 15 agosto) al mare o in montagna e gli alberghi, in questo periodo, sono quasi tutti pieni. Chi vuole fare un viaggio nella settimana di metà agosto deve sicuramente prenotare molto prima, perché decidere all'ultimo minuto può significare non solo spendere molto di più, ma soprattutto non trovare un posto dove dormire.

Dove vanno gli italiani a Ferragosto? Chi va all'estero preferisce andare al mare (Grecia, Croazia, Spagna). Ma gran parte degli italiani passa le vacanze di Ferragosto in Italia e per molti Ferragosto significa Rimini e la riviera romagnola: qui l'estate è il periodo sicuramente più importante, con tanti eventi e occasioni di divertimento per tutti. Grandi spiagge organizzate per grandi e bambini (ma anche molto affollate), locali notturni per i giovani, ma anche parchi di divertimento dove passare intere giornate tra amici o in famiglia: per chi ama questo tipo di vacanze, qui non manca niente.

Spiaggia affollata in estate

Chi invece ama la montagna ha molte opzioni: dalle Dolomiti del Trentino al Monte Rosa, in Val d'Aosta, ma anche gli Appennini, dove è possibile fare lunghe passeggiate nella natura.

Anche nel tuo Paese esiste Ferragosto? Qual è il mese tipico delle vacanze estive? Ricordi una vacanza in particolare?

ESERCIZI Capodanno

1 Scegli la frase giusta.

1. Silvio passa sempre il Capodanno
   - a. con i vicini di casa.
   - b. da solo.

2. La signora Ada vive
   - a. da sola.
   - b. con il marito.

3. Silvio entra in casa di Ada
   - a. per cercare soldi.
   - b. per prendere il vino.

4. Ada e Silvio a casa
   - a. mangiano insieme e guardano la tv.
   - b. fanno i fuochi d'artificio.

2 Completa il testo con i verbi al presente (**P**) o al passato prossimo (**PP**).

Sento la porta che (*chiudersi* – P) _____.
Qualcuno *(chiamare* – PP) _____ l'ascensore.
(*loro – Scendere* – P) _____.
(*loro – Scendere* – PP) _____.
(*loro – Aprire* – P) _____ il portone del palazzo.
(*loro – Uscire* – P) _____.
(*loro – Uscire* – PP) _____. Perfetto.
(*Uscire* – P) _____ anch'io, per vedere com'è la situazione.
Tutto ok, la porta dei vicini è vecchia, la (*potere* – P) _____ aprire in pochi minuti. Perfetto.
Ma... chi (*piangere* – P) _____?
Dalla porta della vicina di fronte (*sentire* – P) _____ qualcuno piangere. La vicina (*chiamarsi* – P) _____ Ada, ha 80 anni e (*vivere* – P) _____ sola da quando (*morire* – PP) _____ il marito Amedeo, qualche mese fa.
Questo è il primo Capodanno che (*passare* – P) _____ da sola. (*Piangere* – P) _____ molto.

3 • Inserisci gli articoli determinativi.

a. _____ zampone
b. _____ lenticchie
c. _____ antipasti
d. _____ brindisi
e. _____ bottiglia
f. _____ spumante
g. _____ cenone
h. _____ tappo
i. _____ ascensore
l. _____ canzone

Il Capodanno in Italia

"Cosa fai a Capodanno?" è una domanda che si inizia a fare già ai primi giorni di dicembre, perché la notte tra il 31 dicembre e il primo gennaio è una notte speciale, unica. Alcuni passano questo periodo all'estero, altri in montagna; chi rimane in città può scegliere se festeggiare a casa in famiglia o in qualche locale tra amici. Ma per tutti c'è il "cenone", cioè la grande cena del 31 dicembre (San Silvestro).
Il cenone italiano prevede alcuni cibi tradizionali: il cotechino (o zampone), a base di carne di maiale, e le lenticchie. Le lenticchie, per la loro forma che ricorda le monete, sono simbolo di buona fortuna per l'anno nuovo. Come le lenticchie, anche l'uva ha questo significato, soprattutto in alcune parti d'Italia.
Come dolce, ogni regione italiana può avere un suo dolce tradizionale;

Il cotechino con le lenticchie

in generale, come il panettone a Natale, a Capodanno si mangia il pandoro, simile al panettone per forma ma dal gusto differente. Infine, quando arriva la mezzanotte si fa un brindisi per salutare l'anno nuovo: si apre una bottiglia di spumante e si grida "Auguri! Buon anno!"
Una curiosità legata al Capodanno: la tradizione dice che la notte di San Silvestro dobbiamo indossare qualcosa di rosso, per avere buona fortuna l'anno nuovo.

Come si passa il Capodanno nel tuo Paese? Si mangiano piatti tipici? Quali? Anche nel tuo Paese c'è qualcosa che porta fortuna per l'anno nuovo (un cibo, un colore, ecc.)?

ESERCIZI — 25 aprile

1 • Vero o falso?

	V	F
a. Il nonno è stato un partigiano.	☐	☐
b. Il 25 aprile è una festa per tutti gli italiani.	☐	☐
c. Il nonno e i nipoti festeggiano il 25 aprile insieme.	☐	☐
d. Il nonno incontra i suoi amici a casa.	☐	☐
e. Il 25 aprile è anche il compleanno del nonno.	☐	☐

2 • Abbina le colonne e forma le frasi corrette.

a. Sono nato il 25 aprile 1945,
b. Poco dopo, è arrivato
c. Non mi piace
d. Prendo dall'armadio
e. Tutti riprendiamo a

1. la bandiera.
2. cantare "Bella ciao ciao ciao!".
3. l'ordine per tutti i partigiani.
4. il giorno della Liberazione.
5. festeggiare i miei anni.

3 • Completa il testo con i pronomi. Attenzione: c'è uno spazio in più.

Oggi sono vecchio, e non ____ piace festeggiare i miei anni, sono troppi e non voglio contare più quanti sono. Ma festeggio sempre il 25 aprile con i miei nipoti, Carolina e Filippo. ____ svegliamo alle 8:00, io ____ vesto elegante, prendo dall'armadio la bandiera e ____ chiamo gli amici per confermare l'appuntamento: alle 12:00, in Corso Venezia.

4 • Completa le frasi con gli aggettivi possessivi e, quando necessario, con gli articoli determinativi.

a. Quel giorno, ____ madre ha chiamato Alfredo, un partigiano amico di ____ padre.
b. Festeggio sempre il 25 aprile con ____ nipoti.
c. Arrivo in corso Venezia e ci sono anche ____ amici.
d. È il giorno più bello della ____ vita.

STORIE per i giorni di festa

Il 25 aprile

25 aprile: è la festa della "Resistenza" e dei partigiani: ma chi sono i partigiani?
Non sono soldati, sono persone comuni che hanno deciso di prendere le armi e combattere per la libertà dell'Italia: sono uomini, donne, giovani, ragazzi, organizzati in piccoli gruppi e che di solito combattono con azioni rapide per poi ritornare nelle montagne, tra i boschi, dove è più facile nascondersi.

La Resistenza è un momento particolare della storia d'Italia perché spesso si combatte tra italiani: quelli ancora legati al fascismo e i partigiani.
Il 25 aprile è l'inizio della fine di questa guerra e già nel 1946 diventa giorno di festa nazionale.

Partigiani sfilano a Milano il 25 aprile 1946

Da quell'anno, ogni 25 aprile migliaia di italiani camminano in corteo nelle città d'Italia per ricordare la Resistenza e i partigiani morti in quegli anni.

Una manifestazione del 25 aprile in tempi recenti

Nel tuo Paese c'è una festa nazionale simile al 25 aprile? Cosa si festeggia?

ESERCIZI — Natale

1 • Scegli la frase giusta.

1. Il protagonista festeggia il 24 dicembre
   - ☐ a. dai suoi genitori.
   - ☐ b. dai suoceri.

2. Alla vigilia di Natale si mangia
   - ☐ a. carne.
   - ☐ b. pesce.

3. Il panettone e il pandoro sono
   - ☐ a. antipasti tipici di Natale.
   - ☐ b. dolci tipici di Natale.

4. Il giorno dopo Natale
   - ☐ a. c'è un altro pranzo in famiglia.
   - ☐ b. tutti tornano al lavoro.

2 • Abbina le colonne in modo corretto.

- a. 24 dicembre
- b. tombola
- c. 25 dicembre
- d. 26 dicembre
- e. panettone

1. Natale
2. pandoro
3. Santo Stefano
4. Vigilia
5. numeri

3 • Completa il testo con le parole della lista.

| cugino | zie | nonni |
| cugini | zii | zio |

Non ci sono i _____, ma è il giorno degli _____, delle _____, dei _____, e di altri parenti che vedi solo una volta all'anno. Per fortuna.
Di solito uno _____ o un _____ invita tutti a casa sua.
Tutti parlano a voce alta e dicono le stesse cose dell'anno prima.

Cosa si mangia a Natale in Italia?

Natale, in Italia, non significa solo albero di Natale.
Il Natale della tradizione italiana ha dei piatti e dei cibi tipici, che è importante conoscere. Vediamo i più importanti.

I **tortellini in brodo** sono un tipico piatto bolognese, ma è anche il primo piatto della tradizione di Natale. Cosa sono i tortellini? Come dice il nome, un tortellino può essere come una piccola torta, e come le torte può essere ripiena: il ripieno è spesso la carne, ma può anche essere formaggio o verdure.

Se i tortellini sono il primo tradizionale, il secondo può essere diverso di regione in regione.
Uno dei secondi tipici è il **tacchino al forno** con contorno di patate.
Il tacchino può anche essere ripieno, cioè con al suo interno altri tipi di carne.

Il **panettone** ha origine in Lombardia, ma è diventato uno dei dolci della tradizione natalizia in tutta Italia.
Si tratta di un impasto di acqua, farina, burro, uova, con l'aggiunta della frutta candita.

Come il panettone, il **torrone** si mangia soltanto nel periodo natalizio. È a base di miele e zucchero, con mandorle, noci e nocciole. Può essere duro o morbido, bianco o al cioccolato.

Come si festeggia il Natale nel tuo Paese?
C'è un piatto tipico che si mangia solo in questo periodo?
Di cosa si tratta? Se non si festeggia il Natale, c'è una festa simile nel tuo Paese? Cosa si fa in quell'occasione?

ESERCIZI / Epifania

1 • Scegli la risposta giusta.

1. Cosa succede il 6 gennaio?
   - a. Arriva la Befana.
   - b. Arriva Babbo Natale.

2. Cosa ricevono i bambini cattivi?
   - a. Caramelle.
   - b. Carbone.

3. Chi è Caterina?
   - a. È la ragazza che si veste da Befana il 6 gennaio.
   - b. È la moglie di Antonio.

4. Perché arriva l'ambulanza?
   - a. Perché Antonio ha colpito Caterina con la macchina.
   - b. Perché Caterina è caduta dalla scopa.

2 • Completa il testo con le parole della lista.

| festa | Befana | scopa | carbone |
| sacco | caramelle | cattivi |

Come ogni anno, il 6 gennaio Antonio e Marcella portano i loro figli a vedere la _____ che regala _____ e dolci nella piazza della città. È la "_____ della Befana", che arriva sulla sua _____ con un _____ pieno di cose buone, o di _____ per i bambini _____.

3 • Completa il testo con i verbi al presente (**P**) o al passato prossimo (**PP**).

Antonio (*aiutare* – P) _____ Caterina a sedersi in macchina. Caterina (*avere* – P) _____ 29 anni e quest'anno (*accettare* – PP) _____ di vestirsi come la Befana per guadagnare un po' di soldi.
(*Avere* – P) _____ una laurea e un master, ma ancora non (*avere* – P) _____ un lavoro.

STORIE per i giorni di festa

4 • Scrivi il participio passato dei verbi, come nell'esempio.

a. uccidere   ucciso
b. morire   _____
c. vedere   _____
d. andare   _____
e. accettare   _____
f. essere   _____

📎 L'Epifania e la Befana

Il 6 gennaio ha due tradizioni: una religiosa, l'altra pagana (cioè non religiosa). Secondo la tradizione religiosa l'Epifania si festeggia dodici giorni dopo Natale, perché è legata alla nascita di Gesù. Secondo la tradizione pagana, nel giorno dell'Epifania arriva la Befana, un personaggio popolare tipico di alcune regioni italiane e poi diventato il simbolo dell'Epifania, come Babbo Natale lo è per il 25 dicembre.

La Befana in città

La Befana della tradizione è una donna anziana, con un grande cappello e una lunga gonna, che vola su una scopa e porta dolci e caramelle ai bambini.
I bambini lo sanno e la notte tra il 5 e il 6 gennaio preparano una calza.

La Befana riempie la calza di dolci e caramelle o piccoli giocattoli se il bambino è stato buono, se invece non è stato buono, mette nella calza del carbone.

Esiste nel tuo Paese una tradizione simile alla Befana? Quando si festeggia?

Calze piene di dolci

 Pasqua

1. Scegli la frase giusta.

   1. Silvano e Daniela si sono sposati
      - a. il giorno di Pasqua.
      - b. il 18 aprile di dieci anni fa.

   2. Per l'anniversario Silvano vuole
      - a. mettere un anello dentro un uovo di Pasqua.
      - b. comprare un anello di cioccolato al latte.

   3. Silvano passa la Pasqua
      - a. dalle sorelle, insieme ai genitori.
      - b. dai genitori, insieme alla sorella.

   4. La sorella di Silvano
      - a. ha messo una collana nell'uovo per la nipote.
      - b. ha comprato un uovo per la moglie di Silvano.

   5. La figlia di Silvano
      - a. apre l'uovo sbagliato.
      - b. trova una collana dentro l'uovo.

   6. Il cane di Silvano
      - a. trova l'anello a terra e lo porta a Daniela.
      - b. trova l'anello a terra e lo mangia.

2. Completa il testo con le parole mancanti. Hai le prime lettere di ogni parola.

   Silvano va in **gio**_____ e compra un anello per la moglie. Poi va in **pas**_____ e chiede di mettere l'anello in un **uo**_____. Silvano e la **sor**_____ Marta vanno a casa dei genitori per Pasqua. La sorella dice a Silvano che ha un uovo speciale per Sara, la **fig**_____ di Silvano. Sara apre l'uovo e trova l'anello. La **mog**_____ di Silvano apre l'uovo e trova una **col**_____ per bambina. Sara piange perché non vuole dare l'anello alla mamma. L'anello cade e il cane lo mangia.

STORIE per i giorni di festa

3 • Metti in ordine il dialogo.

- [1] a. Buongiorno, signore. Cosa desidera?
- [ ] b. Rossa.
- [ ] c. Benissimo.
- [ ] d. Può venire a prendere l'uovo dopodomani.
- [ ] e. Al latte.
- [ ] f. Di che colore vuole la carta dell'uovo?
- [ ] g. Vorrei fare una sorpresa a mia moglie: è possibile mettere questo anello dentro un uovo di Pasqua?
- [ ] h. Certo signore. Cioccolato al latte o fondente?

4 • Risolvi il cruciverba.

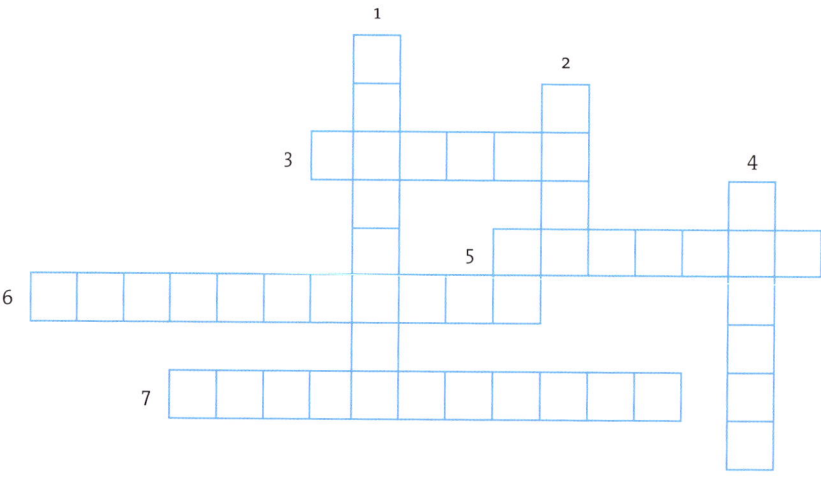

Orizzontali

3.    5.
6. Negozio dove compro i dolci.
7. Negozio dove compro i gioielli.

Verticali

1.   2.
4.

5 • Abbina le parole in modo logico.

a. anniversario
b. Pasqua
c. fondente
d. cane
e. nonni

1. al latte
2. coda
3. zia
4. uovo
5. anello

📎 Pasqua

In Italia c'è un modo di dire: "Natale con i tuoi, Pasqua con chi vuoi." Significa che il Natale, per tradizione, si festeggia in famiglia, mentre Pasqua possiamo festeggiarla con amici e conoscenti.

A Pasqua i cristiani festeggiano la risurrezione di Cristo, e per questo da sempre la Pasqua ha un significato religioso importante.

Caratteristica della Pasqua è che non ha una data fissa: se Natale è sempre il 25 dicembre, la Pasqua (che è sempre di domenica) "cade" ogni anno in una settimana o anche in un mese diverso.

Il periodo di Pasqua inizia il "venerdì Santo", quando si celebra la morte di Cristo. Due giorni dopo, è la domenica di Pasqua.

Anche in questo caso, come per Natale e altre festività religiose, è presente un elemento pagano: le uova di cioccolata sono infatti il simbolo della festa pasquale.

Il periodo di Pasqua finisce con il lunedì "dell'Angelo", detto anche "Pasquetta".

Anche questo è un giorno festivo e di solito è il giorno delle gite e dei picnic, con familiari, ma più spesso con amici e conoscenti.

Come si festeggia la Pasqua nel tuo Paese? Se non si festeggia la Pasqua, c'è una festa simile? Cosa si fa in quell'occasione?

ESERCIZI — Lunedì

1. Vero o falso?

	V	F
a. Rino si alza prima di sua moglie.	☐	☐
b. Il lunedì Rino è sempre felice.	☐	☐
c. Rino lavora alla stazione.	☐	☐
d. Alla stazione Rino parla di calcio con gli amici.	☐	☐
e. Sul treno Rino vede un'attrice famosa.	☐	☐
f. Il calciatore Gotti sale sul treno in corsa.	☐	☐
g. Rino invita la moglie al ristorante.	☐	☐

2. Completa i testi con le frasi della lista.

perde da quattro domeniche	una domenica vince
il campionato è lungo	il nostro numero 10

A

– Buongiorno Rino, oggi sei felice, eh? – dice Giacomo il giornalaio.

Quando la squadra di Rino vince la domenica, Rino è sempre felice.

– E tu, Giacomo? La tua squadra non va bene?
– Quest'anno _____ e una domenica perde.
– _____ ! – dice Rino.

B

– Buongiorno Franco. Buongiorno ragazzi! – dice Rino.
– Ciao Rino – dice Oreste, un vecchio signore: la sua squadra _____ e anche questo lunedì Oreste è triste.
– Quest'anno _____ gioca senza cuore. – dice Filippo, il farmacista.

3 • Completa i testi, poi abbina le colonne e forma le frasi.

a. Giulia (*svegliarsi*) _____
b. Rino (*lavarsi*) _____,
c. Rino (*andare*) _____ sempre alla stazione
d. Quando la squadra di Rino (*vincere*) _____,
e. Rino sale sul treno e
f. Quando il treno (*fermarsi*) _____

1. in bicicletta.
2. (*sedersi*) _____.
3. alle sette e mezzo.
4. Olana scende.
5. fa colazione e poi si veste.
6. Rino è sempre felice.

Gli italiani e il calcio

Gli italiani, come molti popoli, amano molto il calcio. E per chi ama il calcio ci sono due giorni importanti: la domenica, quando si giocano molte delle partite, e il lunedì, quando si commentano i risultati con amici e colleghi. Se la domenica c'è stata una partita importante, o un "derby" (una partita tra squadre della stessa città), allora il lunedì è il giorno degli "sfottò", cioè di frasi o espressioni per prendere in giro i tifosi della squadra che ha perso. Questo accade nei luoghi di lavoro, nelle

scuole e nei bar, dove si incontrano amici, colleghi e studenti per parlare di calcio.
Il calcio è molto amato soprattutto tra gli uomini, ma ultimamente sempre più donne e ragazze vanno allo stadio per "tifare" la squadra di casa.

Anche nel tuo Paese il calcio è lo sport più popolare?
C'è un altro sport molto seguito?
Quali sono le squadre / i giocatori più forti?

SOLUZIONI ESERCIZI

CARNEVALE
1. 1/b; 2/a; 3/a; 4/b • **2.** vecchia, indietro, festa, compagna, maschera, occasione, sentimenti • **3.** devono, Ci sono, pensi, preferisco, ha preso, sono finite, abbiamo comprato, dice

PRIMO MAGGIO
1. 1/b; 2/a; 3/b; 4/b • **2.** in, a, del, per, del, da, per, in, per, dal, alla • **3.** 1/palco; 2/manifesti; 3/microfono; 4/chitarra; 5/diritti

SABATO
1. V: a, e, f; F: b, c, d; • **2.** Ho passato, ho cercato, sono tornata, Ho fatto, mi sono pettinata, mi sono truccata, Mi sono vestita • **3.** a/F; b/F; c/F; d/F; e/F; f/M; g/M; h/F • **4.** 1/d (mi, mi); 2 (ci)/e; 3 (Ci)/a; 4/b (ci); 5/c (ci) • **5.** 1/a; 2/d; 3/e; 4/b; 5/g; 6/c; 7/f

FERRAGOSTO
1. 1/a; 2/b; 3/a; 4/b • **2.** 1/b; 2/c; 3/a; 4/c • **3.** MARZIA: Ferragosto, spiaggia, ragazzo, libero/carino, guarda, brutto; MAMMA DI MARZIA: Ferragosto, spiaggia, piace, dispiace, dietro, carino/libero, guarda; Parole comuni: guarda, spiaggia, Ferragosto • **4.** a/3; b/4; c/1; d/2

CAPODANNO
1. 1/b; 2/a; 3/a; 4/a • **2.** si chiude, ha chiamato, Scendono, Sono scesi, Aprono, Escono, Sono usciti, Esco, posso, piange, sento, si chiama, vive, è morto, passa, piange • **3.** a/lo; b/le; c/gli; d/il (i); e/la; f/lo; g/il; h/il; i/l'; l/la

25 APRILE
1. V: b, c, e; F: a, d • **2.** a/4; b/3; c/5; d/1; e/2 • **3.** mi, Ci, mi, – • **4.** a/mia, mio; b/i miei; c/i miei; d/mia

NATALE
1. 1/a; 2/b; 3/b; 4/a • **2.** a/4; b/5; c/1; d/3; e/2 • **3.** nonni, zii, zie, cugini, zio, cugino

EPIFANIA
1. 1/a; 2/b; 3/a; 4/a • **2.** Befana, caramelle, festa, scopa, sacco, carbone, cattivi • **3.** aiuta, ha, ha accettato, Ha, ha • **4.** a/ucciso; b/morto; c/visto; d/andato; e/accettato; f/stato

PASQUA
1. 1/b; 2/a; 3/b; 4/a; 5/a; 6/b • **2.** gioielleria, pasticceria, uovo, sorella, figlia, moglie, collana • **3.** 1/a; 2/g; 3/h; 4/e; 5/f; 6/b; 7/d; 8/c • **4.** Orizzontali: 3 tavolo; 5 collana; 6 pasticceria; 7 gioielleria; Verticali: 1 piangere; 2 uovo; 4 anello • **5.** a/5; b/4; c/1; d/2; e/3

LUNEDÌ
1. V: a, d, e, g; F: b, c, f • **2.** A una domenica vince, Il campionato è lungo; B perde da quattro domeniche, il nostro numero 10 • **3.** a (si sveglia)/3; b (si lava)/5; c (va)/1; d (vince)/6; e/2 (si siede); f (si ferma)/4